AF349669

PRÉCIS HISTORIQUE

DE LA VIE

DE M. GAILLARD,

CHEVALIER DE LA LÉGION D'HONNEUR,

LIEUTENANT–COLONEL,

COMMANDANT LA PLACE DE LOUVAIN.

NANCY,

IMPRIMERIE DE BARBIER, RUE DE LA DOUANE, N°. 13.

1831.

PRÉCIS HISTORIQUE

DE LA VIE

DE M. GAILLARD,

Chevalier de la Légion d'honneur,

*Lieutenant-Colonel, commandant la place
de Louvain.*

LOUIS-AUGUSTE GAILLARD, fils de M. Gaillard, prélocuteur, naquit à Liège au mois d'avril 1771. Destiné au bareau, il fit toutes ses études; mais à la révolution de Liège, il prit parti dans les patriotes Liégeois en qualité de lieutenant. En 1793, lors de la réunion de Liège à la France, il fut incorporé dans l'armée française, où bientôt il se distingua.

Attaché ensuite aux états-majors, il fut successivement aide-de-camp des généraux Colli et Frézia, tous deux Piémontais. Nommé chef d'escadron en 1813, au mois de février 1814 il accompagna à Gênes son général, chargé de la défense de la place. De retour en France, il se rendit à Perpignan, comme officier d'état-major, sous les ordres du général d'Arricau, et séjournait en cette ville lors du retour de l'île d'Elbe.

Envoyé en courrier au ministre de la guerre, il arriva à Paris le dimanche 9 ou 10 mars : le duc de Feltre avait pris la veille le porte-feuille de la guerre. Introduit à six heures du matin, il remit ses dépêches, sollicitant une prompte réponse, que son général, placé sur la frontière d'Espagne, attendait avec anxiété. Au lieu d'une réponse, on lui confia, le vendredi à huit heures du soir, un ballot d'exemplaires du moniteur à distribuer le long de sa route. Déjà Napoléon était à Auxerre. Il remplit religieusement sa mission, et arriva à Perpignan, où, trente-six heures après, on apprit l'arrivée de Napoléon aux Thuileries.

Un nouveau ministère ayant été organisé, il fut appelé comme adjoint à l'état-major du ministère de la guerre, par M. le comte César de la Villa, son ami, chef de ce même état-major. Bientôt s'ouvrit la désastreuse campagne que termina la déroute de Waterloo. Il eut mission d'aller reconnaître le cours de la Meuse, la suivit jusqu'à Givet, d'où le canon de Waterloo le fit retourner à Paris. Il suivit toutes les opérations commandées par le maréchal d'Avoust, et l'armée de la Loire, jusqu'à son licenciement. Il fit ainsi toutes les guerres de la révolution et de l'empire : ses états de service attestent dix-huit campagnes et nombre de blessures.

Son pays n'appartenant plus à la France, ses opinions et ses principes étant en opposition au gouvernement qui se rétablissait, il demanda sa démission, qui lui fut accordée, mais, au mépris des traités, sans l'indemnité promise aux officiers devenus étrangers. Au mois de décembre 1815, il alla à Bruxelles, demanda du service au roi des Pays-Bas, et obtint une demi-solde. En octobre 1816, il quitta cette ville avec son épouse, *Française*, et s'établit à Anvers ; il y resta jusqu'au mois de février 1818, époque de sa nomination au commandement de la place de Naarden, forteresse de Hollande, entre Amsterdam et Utrecht.

Là s'ouvrit pour lui une nouvelle carrière : le brave, qui pendant vingt-trois ans avait versé son sang pour la patrie et la liberté, conquis ses grades et la décoration de la légion d'honneur par de nombreuses blessures, devint le père de tous les militaires sous ses ordres.

La fortune, qui plus tard lui réservait une si terrible fin, avait amené, comme chef du personnel, au ministère de la guerre, un de ses estimables compagnons d'armes, le colonel, depuis général, baron de Tengnagell, aujourd'hui ministre plénipotentiaire des Pays-Bas à la diette de Francfort. Leur amitié, leur estime réciproques avaient établi entre eux une émulation de bienfaits, et jamais le commandant ne sollicitait en vain le chef du personnel.

Sa santé, celle de son épouse, souffrant beaucoup du climat de la Hollande, il sollicita le commandement de Louvain, qui lui fut confié le 1er. février 1822. Pendant huit ans et demi qu'il remplit ces fonctions, tous ses instans furent employés à placer des bienfaits : il fut le protecteur de tous les malheureux, le chaud solliciteur dans les intérêts de la ville. L'accord le plus parfait ne cessa de régner entre lui et les autorités civiles : on le voulait dans les réunions de famille, d'amis ; la douceur de ses mœurs, son aimable gaieté en faisaient souvent le charme. Trois fois, quatre fois peut-être, on lui proposa des postes plus brillans, plus lucratifs : il n'en voulut pas ; la flatteuse persuasion d'être aimé fit taire toute autre ambition. Telle était la position du commandant Gaillard, lors qu'éclata la révolution de Bruxelles, dans la nuit du 24 au 25 août 1830.

Le 25, à sept heures du matin, des émissaires viennent à Louvain pour engager les Louvanistes à seconder le mouvement de Bruxelles : ils se rendent chez le rédacteur du *journal de Louvain* (1).

Ce journaliste, nommé *Roussel*, imprime sur-le-champ de petits bulletins, qui se répètent plusieurs fois dans le jour, pour inviter les Louvanistes à ne pas rester au-dessous de leurs frères de Bruxelles.

Le commandant espérant que la tranquillité ne serait pas troublée, ordonne sur-le-champ que le bataillon formant la garnison restera consigné à la caserne, pour éviter tout point de contact avec les bourgeois. Il est appelé à l'hôtel-de-ville, où la régence s'était établie en permanence, afin de prendre conjointement les mesures nécessaires au maintien de l'ordre.

La journée se passe dans l'agitation jusque vers le soir, qu'un jeune homme arrive avec les couleurs dites *Brabançonnes*, soutenu d'une poignée d'enfans, de jeunes étourdis, et veut envahir l'hôtel-de-ville. Des

---

(1) Ce rédacteur, ex—étudiant en droit à l'université de Louvain, d'où il s'est fait exclure à cause de ses opinions subversives de l'ordre établi, subit, peu de temps avant les évènemens, une condamnation de 40 jours de prison et d'une amende, pour diffamation envers un fonctionnaire public qu'il avait attaqué dans son journal.

rixes s'engagent, la garde communale est insultée, des pavés sont arrachés, des officiers de la garde blessés. La terreur se répand dans toute la ville : le commandant court à la caserne, amène sur la place, théâtre du désordre, cent hommes, qui restent immobiles, (1) tandis que le commandant se porte dans chacun des groupes; et avec l'éloquence du cœur, parvient à les dissiper. La place s'évacue, et il reconduit la troupe à la caserne, aux cris de *vive notre commandant!* La nuit est calme, les jours suivans sont tumultueux, sans graves désordres, jusqu'au 2 septembre.

Le commandant restait en permanence à l'hôtel-de-ville, le bataillon toujours consigné à la caserne, excepté les soldats de service, qui occupaient leurs différens postes. Le jeune homme qui avait occasionné le trouble dans la journée du 25 août, était en prison.

Le 2 septembre, on fait circuler que le peuple veut attaquer la caserne. A l'approche de la nuit, il s'y porte en effet. On en avertit le commandant, qui y court, veut pénétrer à travers la foule, mais est repoussé, mal-traité. Un ami, M. Lantier, docteur en chirurgie, l'en-traîne à l'hôtel-de-ville, pour demander que la garde communale et la garde bourgeoise, toutes deux encore sous les armes, viennent dégager l'entrée de la caserne.

---

(1) Ces cent hommes, l'arme au bras, n'avaient pas même de cartouches : chaque année elles étaient fournies par Anvers, et n'arrivaient que pour l'instant des grands exercices, qui commençaient le 1er. septembre, et duraient un mois. Cette fois elles étaient en route, et arrivèrent pendant la nuit du 25 au 26, d'après l'ordre du commandant de Malines, qui crut devoir faire doubler l'étape.

(8)

Au moment même, on entend une fusillade ! Le commandant s'écrie : grands dieux! tout est perdu, et je suis deshonoré ! L'idée que le feu provenait de sa troupe, à laquelle il avait défendu toutes démonstrations hostiles, l'assaillait alors : cependant ses ordres n'étaient pas enfreints par le major commandant le bataillon, mais par un lieutenant ou sous-lieutenant *Prussien* ou *Hessois*, étranger enfin. Le commandant Gaillard veut retourner à la caserne : un bourgeois, M. Becx, brasseur, l'accompagne et le fait rentrer par le collège philosophique, c'est-à-dire par le derrière de la caserne. Il donne à l'instant même l'ordre du départ ; mais on est obligé d'attendre la réquisition de la régence pour évacuer, et un détachement de la garde communale pour lui remettre la caserne, où restaient à-peu-près 5oo fusils, qui auraient dû servir au même nombre de miliciens qui devaient rejoindre pour le mois des grands exercices, et qui, cette année, à raison de la révolution, n'étaient point arrivés.

Pendant cette attente, le peuple s'était porté vers la prison civile, pour mettre en liberté le jeune homme cité plus haut.

A dix heures et demie, le commandant et la garnison peuvent se mettre en marche : le départ s'exécute sans obstacle. Bientôt le peuple revient, s'empare de la caserne et des fusils, puis se dirige vers la maison du commandant, où son épouse, faible, souffrante, était restée seule avec une fidèle domestique. Il y pénètre, casse, brise et précipite par les fenêtres le mobilier, le linge, les vêtemens, vide la cave et se dispose à incendier les effets amoncelés dans la rue ; mais l'espace étant trop resserré, il les porte comme un trophée sur la grande place. Dans le trajet, on en soustrait une faible partie, qui est déposée à l'hôtel-de-ville.

Sur ces entrefaites, *Roussel* se promenait dans le bas de la rue habitée par le commandant. Un ami, venu pour protéger Mme. Gaillard, et qu'on avait forcé de la quitter, invoque le crédit de Roussel, le supplie de faire cesser le désordre, et.... Roussel ne répond pas : le pillage continue toute la nuit. A deux heures du matin, c'est-à-dire après trois heures d'angoisses, un bourgeois inconnu à Mme. Gaillard, l'enlève de chez elle pour la mettre en sûreté. Elle sort, et une bande de saccageurs égorgeles animaux domestiques qui étaient dans la maison.

Pendant cette nuit, le commandant et la garnison cheminent à travers champs, gagnent la route de Malines pour rejoindre l'armée, dont le quartier-général était à Wilvorde. Vers le matin, ils rencontrent une colonne commandée par le général Trippe, qui leur ordonne de l'accompagner et de revenir sur Louvain. On s'arrête aux remparts, en avant de la porte dite de Malines. Aussitôt arrivent successivement trois députations des notables de la ville, qui implorent la clémence du général : tous diront qu'ils n'ont dû leur succès qu'à la généreuse intervention du commandant.

Cette matinée même, le prince d'Orange, qui traitait à Bruxelles, et convenait d'un armistice, envoye l'ordre de se replier sur Malines : le commandant et sa troupe suivent le mouvement. Des émissaires de Louvain les avaient précédés : le commandant y est insulté, et ne doit son salut qu'à la masse de troupes qui remplissaient Malines.

Quatre jours après seulement, son épouse peut le joindre : ils se rendent ensemble à Anvers.

Un homme d'une stature gigantesque, habitant de Louvain, pédicure de son métier, qui avait suivi le commandant à Malines, le suit à Anvers, et toujours se trouve sur son passage : cet homme, un jour, l'accoste, et lui dit qu'il a fui Louvain *parce qu'il y a été menacé comme Hollandais.*

A cette époque, la garnison de Namur capitule ; elle est escortée de Louvain à Malines. Roussel demande à un officier de Namur s'il connait le commandant Gaillard ; et sur sa réponse affirmative, le charge de lui dire *que si jamais il tombe dans ses mains, il n'en sortira pas.*

Enfin arrivent les terribles événemens de Bruxelles : les troupes hollandaises font des prisonniers, qu'ils amènent à Anvers, pour y être déposés sur un ponton qui, disait-on, devait les conduire en Hollande. Parmi ces prisonniers se trouvaient des Louvanistes qui, par l'organe de M. Quirini, avocat à Louvain, réclament de la bonté bien connue du commandant, des démarches en leur faveur : l'un d'eux invoque le témoignage de Mme. Gaillard, pour qu'elle atteste que, quoique du nombre de ceux qui l'ont pillée dans la nuit du 2 septembre, il l'a escortée pour la protéger quand elle a quitté sa maison. Le commandant s'adresse au procureur du roi près la cour d'Anvers, M. Mesdach, qui prend la peine de se rendre chez lui, pour demander s'il leur porte intérêt. Le commandant répond qu'il ne les connait pas personnellement, mais que, pris désarmés, ils ne lui paraissent que des imprudens ; qu'il se regardera comme *obligé,* s'il les met en liberté, parce qu'il désire se venger par des bienfaits. Ils sont relâchés, tandis que leurs compagnons restent sur le ponton (1).

Le peuple d'Anvers, contenu difficilement pendant cinq semaines, se révolte, et les Bruxellois entrent dans la ville. Le commandant Gaillard, qui n'attendait que le moment d'en sortir pour se présenter au gouvernement provisoire établi à Bruxelles, apprend qu'un de ses anciens compagnons d'armes, le général Mellinet, commande les Belges : il court à l'hôtel-de-ville pour lui demander un sauf-conduit (2). A peine se sont-ils embrassés, qu'un officier entr'ouvre la porte de la salle, fait prévenir le commandant Gaillard que Roussel et les Louvanistes sont sur la place, et le menacent; que s'il se montre, il court les plus grands dangers! Le commandant sort par une porte dérobée, revient à son logement, raconte ce qui vient de se passer. La maitresse de la maison s'effraie; le commandant dit à sa femme : il faut partir à tous risques, et ne compromettre personne.

Madame Gaillard écrit pour demander au général Mellinet une entrevue, de laquelle dépend la sûreté de son mari.

Un armistice avait été convenu, et devait durer jusqu'à quatre heures : à cet instant l'on attendait un membre du gouvernement provisoire, pour traiter avec le général *Chassé*, commandant la citadelle d'Anvers.

---

(1) Ceci eut lieu peut-être quinze jours avant l'assassinat!

(2) Le pillage de sa maison l'avait privé de tous ses papiers, brevets, ordres de service, etc..... Depuis, ils ont été retrouvés.

Dans l'intervalle, de jeunes étourdis s'amusent à tirer quelques coups de fusils devant les frégates armées qui étaient dans l'Escaut. Aussitôt les frégates et canonnières lancent sur la ville des boulets, des obus, des bombes, des fusées à la Congrève, et le bombardement continue jusque bien avant dans la nuit, qui se passe à la lueur de l'incendie. Personne n'osant se hasarder dans les rues, la lettre adressée au général Mellinet ne peut être portée. Le 28 octobre, à la pointe du jour, Mme. Gaillard se rend chez lui; et en son absence, obtient d'un officier d'état-major un laissez-passer, pour sortir de la ville. Le malheureux couple monte en diligence et arrive à Malines, où l'on devait relayer : un encombrement de voitures, une affluence de fuyards d'Anvers retardent le départ!.....

Le commandant Gaillard est apperçu par des amis, qui s'empressent de venir le saluer : les mots commandant, bon commandant, sont répétés; là se trouvait l'homme colossal qui semblait le suivre partout. (1) Au même instant une bande de Louvanistes armés, ayant à leur tête un nommé *Beckmans*, la bayonnette en avant, vient sommer le commandant Gaillard de descendre de voiture: la résistance eût fait naître une mêlée sanglante, il obéit; sa femme s'accroche à son bras, et tous deux injuriés, menacés, sont entraînés au milieu d'une populace exaltée!

A quelque distance, on crie halte! C'était pour attendre M. Jean Denef (2), bourgeois de Louvain, qui s'était

---

(1) Cet homme, qui se disait forcé de fuir Louvain parce qu'il y avait été menacé, comme Hollandais, était-il plus en sûreté à Malines qu'à Louvain?

(2) Il est nécessaire de faire connaître quels avaient été les rapports du commandant Gaillard et de Jean Denef : compagnons d'armes dans

mis à la tête du mouvement insurrectionnel , et alors était général commandant la force armée en marche pour porter de nouveaux secours à la ville d'Anvers. Prévenu du danger que court le commandant Gaillard (par un ami , M. Eugène Claës, de Louvain), M. Denef arrive.

Un colloque s'établit entre lui et les arrêteurs : les époux Gaillard n'en comprennent pas un mot, ne sachant pas le flamand. Mme. Gaillard demande à M. Jean Denef de les soustraire à la curiosité et aux insultes du public : on entre dans une boutique; et là, il écrit ce qu'il appelle *une sauve-garde*, et les place sous la responsabilité des nommés *Beckmans* et *Hermans*. Les époux Gaillard demandent d'être constitués prisonniers à Malines, ou d'être dirigés sur Bruxelles, pour éviter les dangers que lui, Denef, sait qu'ils courrent en arrivant ainsi à Louvain : il s'y refuse impitoyablement !

Poussé par un mouvement généreux, arrive précipitamment M. Cochez–Mommens, éditeur du courrier des Pas-Bays, qui s'enquiert de ce qui cause la rumeur, et appuie la demande des époux Gaillard, alléguant que c'est à Bruxelles que le commandant sera jugé, s'il y a lieu. Nouveaux refus, accompagnés de l'assurance que

---

leur jeunesse, ils s'étaient perdus de vue, et Jean Denef avait fixé sa résidence à Louvain, où ils se sont retrouvés avec plaisir. Peu de temps après l'arrivée du commandant Gaillard, Jean Denef a un duel, et blesse gravement son adversaire. La justice informe: le commandant offre un asile à Jean Denef, qui, à la vérité, ne croit pas devoir l'accepter; se met en avant, et parvient à assoupir l'affaire. Depuis, ils s'étaient toujours donné le nom de camarades; et même dans leur fatale entrevue à Malines, le malheureux commandant ne l'a pas nommé autrement. M. Cochez-Mommens peut l'attester.

le lendemain les détenus y seront conduits, toutefois après avoir été préalablement à Louvain.

L'arrêt de mort ainsi porté, on dirige les deux victimes vers la barque, et on les enferme dans la petite chambre, avec leurs deux gardiens principaux.

Peu de temps après, le bâtelier ivre, ou feignant l'ivresse, se fait ouvrir la porte, et veut jeter une corde au cou du commandant! Il est repoussé par les gardiens. Alors arrive un jeune homme qui se dit officier de l'état-major général, capitaine d'une compagnie franche de quatre cents hommes, venu pour protéger les détenus. Bientôt ce jeune homme, nommé *Pardon*, rit, chante, raconte ses prouesses, fait venir du vin, force les deux infortunés à boire avec lui et les gardiens. Le commandant répond aux toasts, et mouille seulement ses lèvres.

Il faut s'arrêter à trois écluses : chaque fois, des bandes armées, que Pardou dissipe, menacent la vie du commandant! Enfin on arrive de nuit à Louvain.

La nouvelle du fatal voyage du commandant Gaillard y était connue deux ou trois heures avant l'arrivée. M. Jean Denef avait (à Malines) donné l'ordre à MM. Claës et Hambroug de le précéder, et de réunir une force armée suffisante pour protéger l'arrivée. Où était-elle, cette forme armée? Denef, bourguemestre, son commandant, était à Malines! Roussel, commissaire de district, et commandant en second une portion de cette force armée, était à Anvers!

Restait un M. Brienne, devenu commandant de place. L'officier, à la tête de la seule force qui existait alors (35 hommes de maréchaussée), va le trouver, lui démontre

le danger que court le commandant Gaillard ; demande
l'autorisation d'aller à sa rencontre pour le garantir, l'en-
lever et le conduire à Bruxelles : Brienne refuse.

Un rassemblement nombreux, éclairé par des torches,
hurlant, vociférant, attendait sur le quai. Les gardiens
et Pardon disparaissent, et laissent près des victimes un
jeune homme qui était arrivé avec Pardon, pour, à ce
qu'il parait, ouvrir la porte quand il en serait temps !
On fait descendre les nombreux voyageurs qui étaient
sur la barque ; et la populace fond sur les malheureux
époux, enlacés dans les bras l'un de l'autre, se jurant de
mourir ensemble ! On les sépare : on entraine le mari ;
la femme veut le suivre, et n'arrive sur le pont qu'au
moment où la victime est précipitée par-dessus une
rampe sur le pavé !!! Elle essaie de franchir la barrière,
demande à grands cris, qu'on la réunisse à son époux,
qu'on l'immole avec lui ; mais elle est saisie par Pardon,
et traînée loin du théâtre sanglant !.....

Les journaux ont fait connaître les supplices atroces
qu'a enduré le plus généreux, le meilleur des hommes,
et comment ont été souillées les honorables cicatrices
dont il était couvert. Son corps mutilé fut laissé sur
place : transporté à l'hôpital civil, c'est à la pieuse charité
de ses amis, que ses restes sanglans ont dû la sépulture !

Le simple récit des faits, sans passion, sans partialité,
doit faire connaître et la victime et les assassins !

www.ingramcontent.com/pod-product-compliance
Lightning Source LLC
LaVergne TN
LVHW010811180726
843502LV00011B/4455